Carmine

PENSA COME ABUFINA & SELEPINO

LA NUOVA LEGGENDA DELL'AMOR PERDUTO

THINK LIKE ABUFINA & SELEPINO

THE NEW LEGEND OF LOST LOVE

Le illustrazioni sono a cura dell'autore

© Giugno 2023 - Tutti i diritti sono riservati all'autore
Quest'opera è pubblicata direttamente dall'autore
 il quale detiene ogni diritto della stessa in maniera esclusiva.
Nessuna parte di questo libro può essere pertanto riprodotta
senza il preventivo consenso scritto dell'autore.

ISBN 9798386243692

Al mio paese
che porto sempre
nel cuore

SOMMARIO
TABLE OF CONTENTS

Biografia 1
Presentazione 3

The ancient legend of lost love 4
L'antica leggenda dell'amor perduto 5

The new legend of lost love 6
La nuova leggenda dell'amor perduto 7

Logica mente 47
Stanza enigma 59
Gioco memoria 69
Ghigliottina feudale 73
Mate quiz 79
Date quiz 93
Antichi sapori 99
Parole nascoste 105

Soluzioni 113

BIOGRAFIA

Carmine Laudadio nasce a Matera il 24 Marzo 2002. Consegue il diploma di perito informatico con 100/100 nel 2021 presso l'istituto I.I.S. G.B. Pentasuglia di Matera. Attualmente è iscritto alla facoltà di ingegneria informatica e lavora come tecnico software in un'azienda di Matera, città nella quale vive dall'età di quindici anni.
Svolge il ruolo di arbitro di calcio a 11 in Eccellenza lucana ed è un grande appassionato del disegno artistico e del mondo creativo, dei giochi e degli indovinelli.

Carmine Laudadio was born in Matera on March 24, 2002. Graduated with 100/100 as an IT expert in 2021 at the I.I.S. G.B. Pentasuglia institute in Matera. He studies computer engineering and he works as a software developer in a company in Matera, the city where he has lived since the age of fifteen. He's a football referee in Eccellenza Lucana and is a great fan of artistic design and the creative world, of games and riddles.

PRESENTAZIONE

L'arte, nelle sue varie espressioni, ha sempre calamitato la mia attenzione e, in età adolescenziale, ho cominciato a dar vita a rappresentazioni plastiche e pitture di scorci e monumenti della realtà che avevo sotto gli occhi.

Oggi ho scoperto le grandi potenzialità della scrittura e mi affascina l'idea di dedicare alcune pagine al mio paese al quale mi sento particolarmente legato.

Ho unito, così, la mia passione per l'arte a quella appena nata per la scrittura, senza escludere l'informatica che mi ha supportato nel ragionamento logico, creando un intreccio solidale con la narrazione, per coinvolgere il lettore in modo interattivo.

"I combined my three passions for this book:
art for illustrations, computer science for reasoning and riddles and writing to tell my city."

THE ANCIENT LEGEND OF LOST LOVE

Abufina was a lady of residence at the castle of Grottole, with golden hair and white skin, in love with Selepino, a manor sent to fight in a distant land to prevent their relationship.

One day, while Abufina was intent on embroidering next to the window of the tower, she saw a horse messenger arrive who gave her a letter in which Selepino begged her to join him, to then return together to the castle.

The woman immediately left on a white horse but, on the banks of the Basento river, the quadruped lost its balance due to the slippery stones and Abufina fell, being overwhelmed by the waters.

The lord of the castle, then, to honor the memory of Abufina decided to place a plaque with the inscription:
"To Abufina the beautiful, who ran, to whom it was sweet to die of love; this tower that was your home, always speaks to the people about you. Every lover sends you a greeting, and hugs his beloved to his heart...".

It is also said that Basento, repenting of having run amok with his horse, still murmurs Abufina's name from time to time.

L'ANTICA LEGGENDA DELL'AMOR PERDUTO

Abufina era una dama di residenza al castello di Grottole, dai capelli dorati e dalla pelle candida, innamorata di Selepino, un maniero mandato a combattere in una terra lontana per impedire la loro relazione.

Un giorno, mentre Abufina era intenta a ricamare accanto alla finestra del torrione, vide arrivare un messaggero a cavallo che le consegnò una lettera in cui Selepino la pregava di raggiungerlo, per poi ritornare insieme al castello.

La donna partì subito su un cavallo bianco ma, sulle sponde del fiume Basento, il quadrupede perse l'equilibrio a causa delle pietre scivolose e Abufina cadde, restando travolta dalle acque.

Il signore del castello, allora, per onorare la memoria di Abufina decise di porre una lapide con la scritta:
"Ad Abufina la bella, che corse, cui fu dolce morire d'amore; questa torre che fu tua dimora, parli sempre alle genti di te. Ogni amante ti porga un saluto, e si stringa al suo cuore l'amata…".

Si dice anche che il Basento, pentitosi di aver imbizzarrito il cavallo, di tanto in tanto ancora mormori il nome di Abufina.

THE NEW LEGEND OF LOST LOVE

<u>This time the protagonist of the legend is only you!</u>

Imagine that she is no longer the beautiful Abufina to receive the messenger on horseback with Selepino who asks her to join him, but you personally.

Will you be able to help the two young lovers to reconcile in life and love by returning to feudal castle finally together?!

Selepino's complete letter

LA NUOVA LEGGENDA DELL'AMOR PERDUTO

<u>Questa volta il protagonista della leggenda sei solo tu!</u>

Immagina che non sia più la bella Abufina a ricevere il messaggero a cavallo con Selepino che le chiede di raggiungerlo, ma tu in prima persona.

Riuscirai ad aiutare i due giovani innamorati a riconciliarsi nella vita e nell'amore tornando al castello feudale finalmente insieme?!

*Caro mio amico lettore,
è il giovane Selepino che scrive.*

*Non importa se sei
un insigne grottolese di origine
o un turista bello, attento e avventuroso
o se tu sei qui soltanto
a leggere per caso questa mia lettera.*

*Sappi che neppure i luoghi più distanti
separano chi è unito
da una particolare affinità;*

*la più grande distanza fisica
non allontana affatto
coloro che sono divisi nel corpo
ma uniti con la mente.*

*Il mio obiettivo è raggiungere
al più presto
la mia amata
e perciò chiedo a te,
mio capitano del popolo,
di creare una connessione tra mente umana
e quella divina*

*per far di questi maledetti indovinelli
e giuochi oziosi*

una grossa polveriera.

...

In the surroundings of Matera, there is Grottole, a small and cheerful village in the Basilicata hills between two rivers, the Basento and the Bradano.

This could suggest that Grottole derives from Mesopotamia which means land between two rivers, but this is false!

The Sumerians lived here and these, however, never had anything to do with the people of Grottole!

The village was originally called 'Cryptulae'.

A name that reveals the ancient origins of the town which began to form in prehistoric times inside small caves, which have now been transformed into cellars.

We are therefore far from the famous fertility of the earth of the Middle East.

Nei dintorni di Matera, sorge Grottole, un piccolo e allegro paese della collina lucana tra due fiumi, il Basento e il Bradano.

Potrebbe questo far pensare che Grottole derivi dalla Mesopotamia che significa appunto terra tra due fiumi, ma così non è!

Lì ci abitavano i sumeri e questi però con i grottolesi non hanno mai avuto nulla a che fare!

Il paese, in origine, veniva chiamato **'Cryptulae'**.

Un nome che rivela le origini antiche del centro abitato che iniziò a formarsi in età preistorica all'interno di piccole grotte, trasformatesi oggi in cantine.

Siamo lontani quindi dalla famosa fertilità della terra del Medio Oriente.

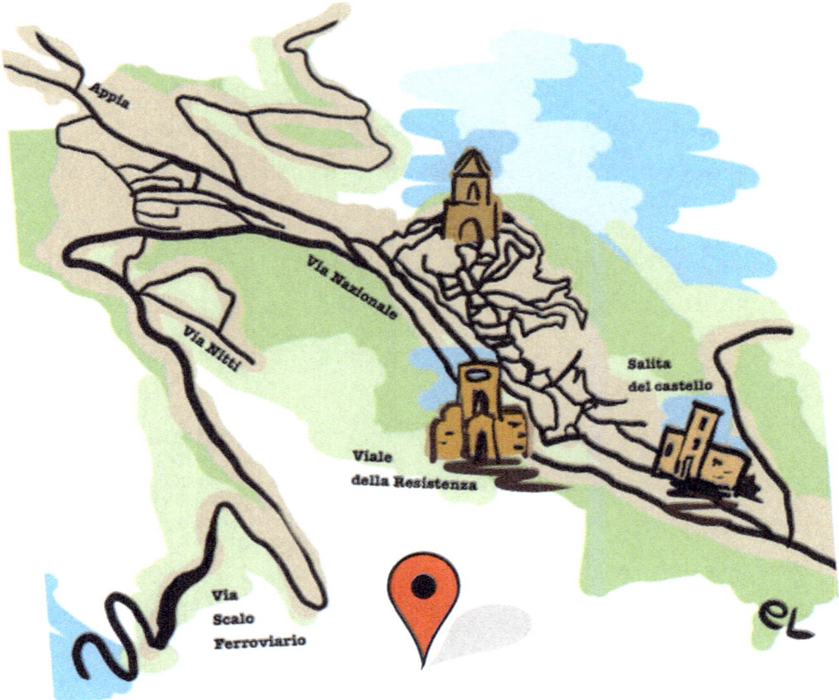
Appia
Via Nazionale
Via Nitti
Salita
del castello
Viale
della Resistenza
Via
Scalo
Ferroviario
eL

La mia amata Abufina risiede
nel vostro castello feudale, il quale
venne costruito per volere
del principe longobardo Sichinolfo di Salerno.

Ella è con i capelli dorati e la pelle candida,
con un viso angelico e gli occhi infossati
come fosse una Venere,
io invece sono uno scudiero o un fante
che dir si voglia,
una sorta di ufficiale pubblico
chiamato alle armi,

ma con il cuore fisso lì,
nella mia amata Grottole.

...

The **Castle** is located on top of the "collinetta della Motta" from around 851 with a tower which, with a square base, guards the entire town.

Four eyes are needed to check 117.15 km² which extend partly in the San Giuliano nature reserve, partly on the front of the Basento river.

Of important Norman dominion, Cryptulae was also part of the county of Tricarico and, between lordships and feudal lords, the last lords were the Sanseverinos, counts of Chiaromonte, with whom the long window of feudalism ended.

Il **Castello** è posto sulla cima della "collinetta della Motta" dall'anno 851 circa, con una torre che, a base quadrata, fa da guardia all'intero paese.

Ben quattr'occhi occorrono per controllare 117,15 km² che si estendono in parte nella riserva naturale San Giuliano e in parte sul fronte del fiume Basento.

D' importante dominio normanno, Cryptulae ha fatto anche parte della contea di Tricarico e, tra signorie e feudatari, gli ultimi signorotti furono i Sanseverino, conti di Chiaromonte, con i quali la lunga finestra del feudalesimo si concluse.

*Non so se ho già vissuto una grossa sventura,
o forse è stato solo un brutto sogno,
proprio come questi rompicapo
che un signorotto del quartiere ha costruito
per non far l'amore tra noi germogliare!*

*Ho come avuto una visione:
la mia amata a cavallo sul fiume Basento!
Di certo non un bel ricordo, tant'è che mi son svegliato.
Sembrava un fiume in piena con tutte quelle pietre scivolose e
dall'altra parte quegli zoccoli del cavallo lisci e consumati!
Avrei pagato oro per far arrivare
una carrozza alla mia donna,
se solo avessi potuto...*

*Ogni volta che il sol' tramonta io immagino ella lì, seduta dietro
il davanzal della finestra del gran castello di Grottole con il suo
bel passatempo. L'arte dell'uncinetto è sempre stata la sua
passione; siamo proprio come due cuori legati da un filo rosso di
lana che dalla finestra stessa della grande torre scorre.*

...

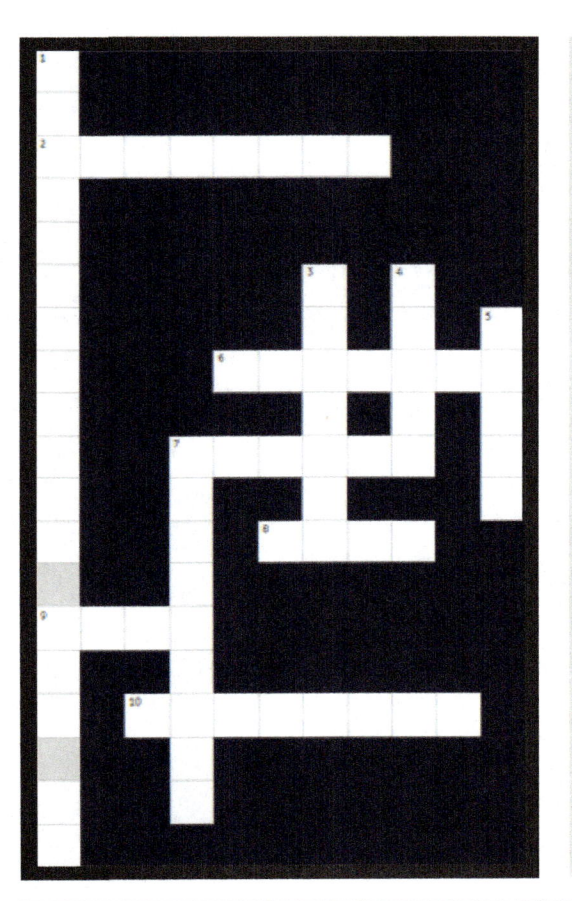

Orizzontale

2. Protagonista della leggenda dell'Amor Perduto
6. I metri di altezza della torre feudale
7. Utilizzato per riscaldare, è posto nella stanza precendente a quelle che immette alla torre
8. Titolo onorifico generico attribuito ad Abufina
9. Titolo nobiliare appartenente a chi ha voluto la costruzione del castello
10. Svago preferito da Abufina, inteso come verbo

Verticale

1. Il titolo del film girato nel castello di Grottole
3. Stanza fresca utilizzata come magazzino presente nei vani sotterranei
4. Grossa proprietà medievale, lo è stato anche il castello di Grottole
5. Oltre le mura, utilizzate per la difesa
7. Della chiesa dei SS Luca e Giuliano, è stata una delle torri di difesa

The castle tower has a square base and is tall about 21 meters.

Its height is balanced with the other four towers of the town, which over time have been transformed into bell towers, while others have been demolished.

The tower was built with stones and blocks of calcarenite, i.e. limestone mixed with tuff.

The manor was the location for the filming of the film **"Moschettieri del Re"**, directed by Giovanni Veronesi in 2018.

If this title you have not remembered, you can always go back and fill in your missing word.

Il torrione del castello è a base quadrata ed è alto circa 21 metri.

La sua altezza è equilibrata con le altre quattro torri del paese, che con il tempo sono state trasformate in campanili, altre invece sono state abbattute.
La torre è stata realizzata con pietre e blocchi di calcarenite, cioè pietra calcare mista a tufo.

Il maniero è stato location per le riprese del film **"Moschettieri del Re"**, diretto da Giovanni Veronesi nel 2018.
Se questo titolo tu non hai ricordato, puoi sempre tornare indietro e compilare la tua parola mancante.

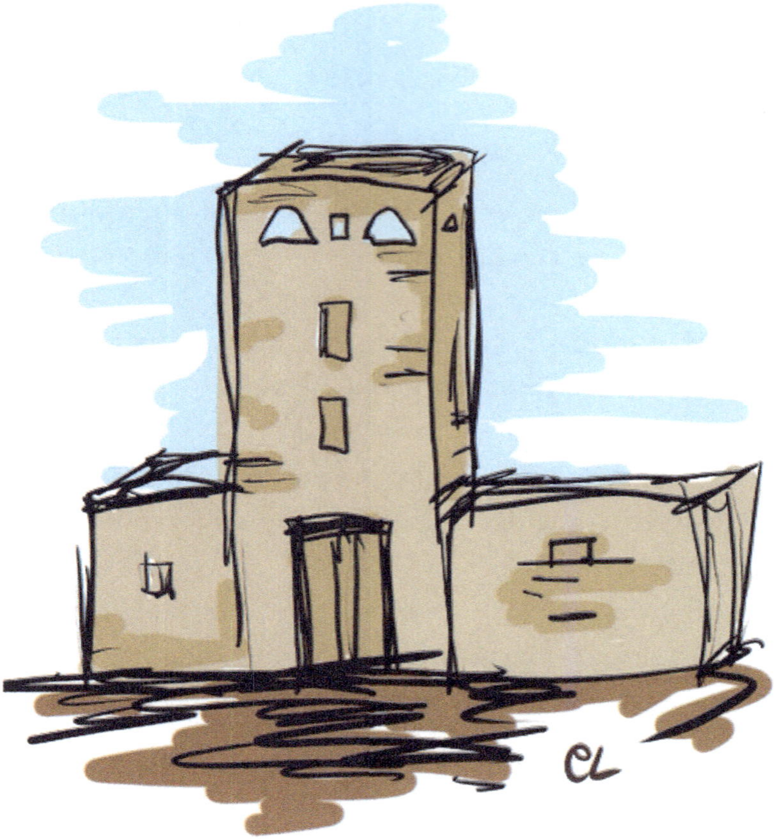
CL

Orizzontale

4 La sua ombra appare nelle notti di luna e nei mesi di primavera

5 Il regno delle famiglie illustre che hanno posseduto il castello

8 Abufina è caduta nelle sue vorticose acque

Verticale

1 La forma della torre centrale del castello

2 Il nome del luogo a cui appartiene la collina su cui sorge il castello

3 Del castello, è formata di pietra calcarea mista a tufo

6 **Erano situate** all'inizio della 'salita del castello'

7 Stanza presente nei vani sotterranei del castello

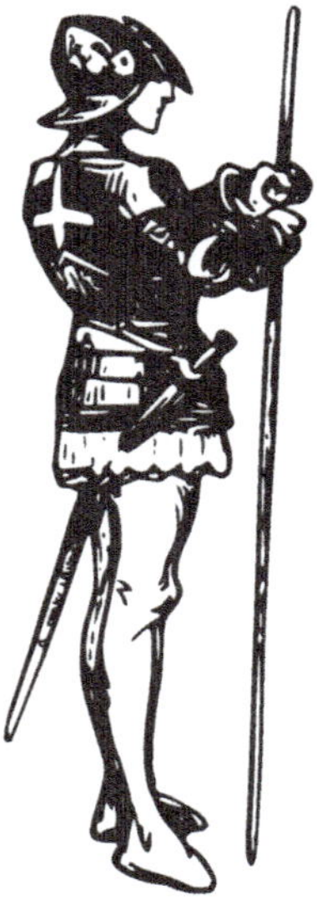

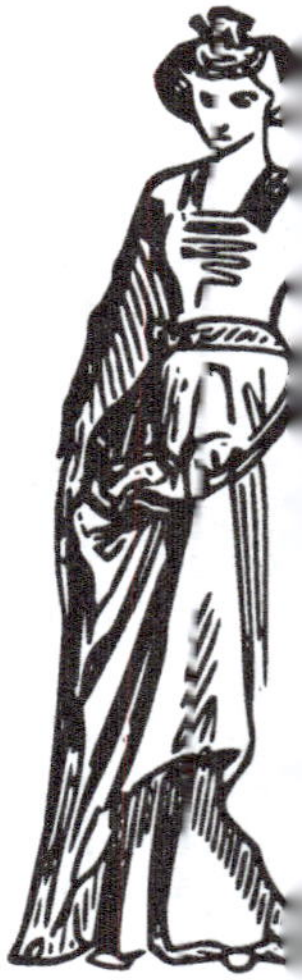

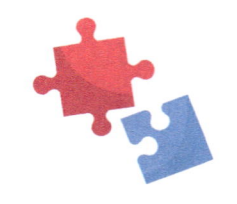

Anch'io vorrei tanto poter tornare indietro o magari meglio andare avanti, immaginare quando questa mia guerra risulterà terminata e vinta.
Penso a quanto potrebbe essere bello passeggiar per le vie del mio bel paese con la mia amata Abufina, io che le stringo la sua mano e lei che mi guarda con gli occhi fissi a cuoricino.

Nelle fresche sere d'estate
potrei passar davanti alla nostra suggestiva
Chiesa Diruta,
che in tutto il suo splendore è visibile
anche dal fiume Basento
di cui un bel ricordo ancora
non riesco ad avere!

...

Imposing, grandiose, perfect adjectives for the **Chiesa Diruta** that its real name hides.

The church is actually dedicated to SS. Luca and Giuliano and now officially represents the symbol of the Grottolesi.

Between viale della Resistenza and via Garibaldi, the church stands on the remains of two small churches that were razed to the ground for the occasion.
You should remember that its portal was completed by Giulio Carrara della Padula in 1595.

The statues of the four evangelists are still placed on the main face wall together with that of the Eternal Father. There were also nine altars, all decorated, just as nine were the registers of the pipe organ that enriched the structure!

Imponente, grandiosa, aggettivi perfetti per
la **Chiesa Diruta** che il suo vero nome nasconde.

La chiesa in realtà è dedicata ai SS. Luca e Giuliano e rappresenta ormai ufficialmente il simbolo dei grottolesi.

Tra viale della Resistenza e via Garibaldi,
la chiesa sorge sui resti di due chiesette che furono rase al suolo per l'occasione.

Ti conviene ricordare che il suo portale è stato completato da Giulio Carrara della Padula nel 1595.

Le statue dei quattro evangelisti sono ancora collocate sulla parete facciale principale insieme a quella del Padre Eterno. Non mancavano gli altari, ben nove, tutti ornati, così come nove erano i registri dell'organo a canne che arricchiva la struttura!

*Procedendo poi a passo lento
verso l'interno della sua pianta a croce latina,
potrei scorgere al crepuscolo un orizzonte di sfumature,
ideale per riposare la mente
e infine, alzando gli occhi al cielo, la cupola
farebbe da cornice per noi.

Nel frattempo ho notato che qui i giuochi aumentano,
mentre la mia amata Abufina
si allontana sempre più.

Non vorreste mica, per caso, far cadere tutto il mio piano,
come ha fatto quel terribile terremoto che ha trasformato
la chiesa in cui ci dovevamo sposare in un cumulo di rovine?!

...*

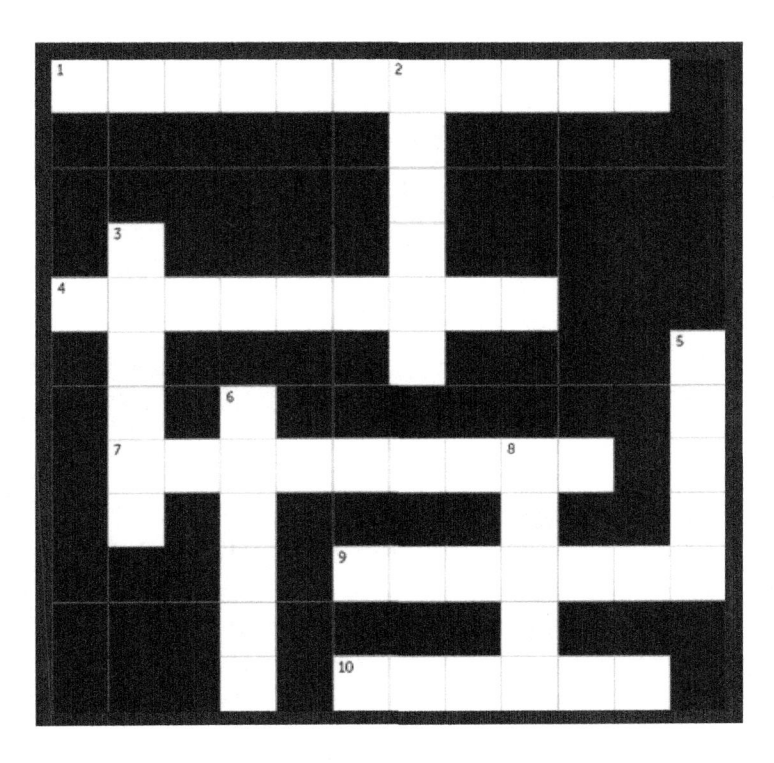

Orizzontale

1. Sulla facciata esterna sono raffigurati insieme al 'Eterno Padre'
4. Altezza in metri del campanile della chiesa diruta
7. Il tempio è stato abbandonato subito dopo quello dell'Irpinia
9. Della chiesa diruta, è stato costruito nel 1595 in pietra
10. E' di forma elissoidale, visibile anche dalla SS407 Basentana

Verticale

2. A croce, è la struttura della chiesa diruta
3. La chiesa diventata simbolo dei grottolesi
5. Erano ben cinque in chiesa, monumenti funebri riservati alle famiglie più nobili
6. Elemento decoroso e a nove registri
8. La sua mancanza è risultata essere di notevole fascino per la chiesa

At the end of the seventeenth century the church was damaged by a strong earthquake and suffered further collapses in the following years, immediately faced with huge expenses.

The works were then suspended again due to a longitudinal lesion, so serious as to raise fears again of the collapse of the central nave.

It was thus definitively abandoned at the time, but today it has become a source of inspiration for numerous competitions of ideas and is the most visited by those who are just passing through.

Alla fine del Seicento la chiesa fu danneggiata da un forte terremoto e subì ulteriori crolli negli anni successivi, fronteggiati subito con spese ingenti.

I lavori poi furono nuovamente sospesi a causa di una lesione longitudinale, tanto grave da far temere nuovamente il crollo della navata centrale.

Fu così definitivamente abbandonata all'epoca,
ma oggi è diventata fonte di ispirazione per numerosi concorsi di idee ed è la più visitata da chi è anche solo di passaggio.

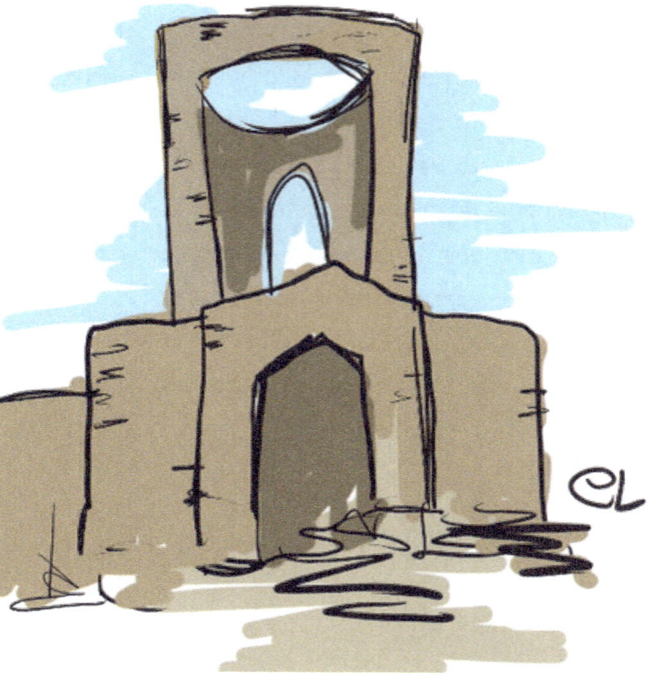

*La Chiesa Diruta dovrà diventare per noi il luogo
per un semplice rinfresco post cerimonia,
mentre il nostro matrimonio,
al ritorno da questa stupida guerra,
dovrà essere celebrato
in un altro punto più alto del paese,*

dove si erigeva una delle torri di controllo.

...

In addition to the walls, there were defense towers, of which at least four exist today, even if they have changed over time:
one in via Marsala, a short distance from the square and the church of San Pietro, the other in viale della Resistenza, the third under the square in front of the church of Santa Maria Maggiore and the fourth corresponds to the current bell tower of the Diruta Church.

The **chiesa di Santa Maria Maggiore** is the so-called mother church of the inhabitants of Grottole.
It is dedicated to Santa Maria and was donated, in the first decade of the 16th century, by the feudal lord of Grottole, Onorato III Gaetano dell'Aquila d'Aragona to the Dominican friars, after having been taken away from the secular clergy.

Oltre alle mura, esistevano le torri di difesa, delle quali oggi ne esistono almeno quattro, anche se ormai modificate dal tempo:
una in via Marsala, a poca distanza dalla piazza e dalla chiesa di San Pietro, l'altra in viale della Resistenza,
la terza sotto il piazzale antistante alla chiesa di Santa Maria Maggiore e la quarta corrisponde all'attuale campanile della Chiesa Diruta.

La **chiesa di Santa Maria Maggiore** è la cosiddetta chiesa madre dei grottolesi.

È dedicata a Santa Maria e fu donata, nel primo decennio del XVI secolo, dal feudatario di Grottole, Onorato III Gaetano dell'Aquila d'Aragona ai frati domenicani, dopo essere stata tolta al clero secolare.

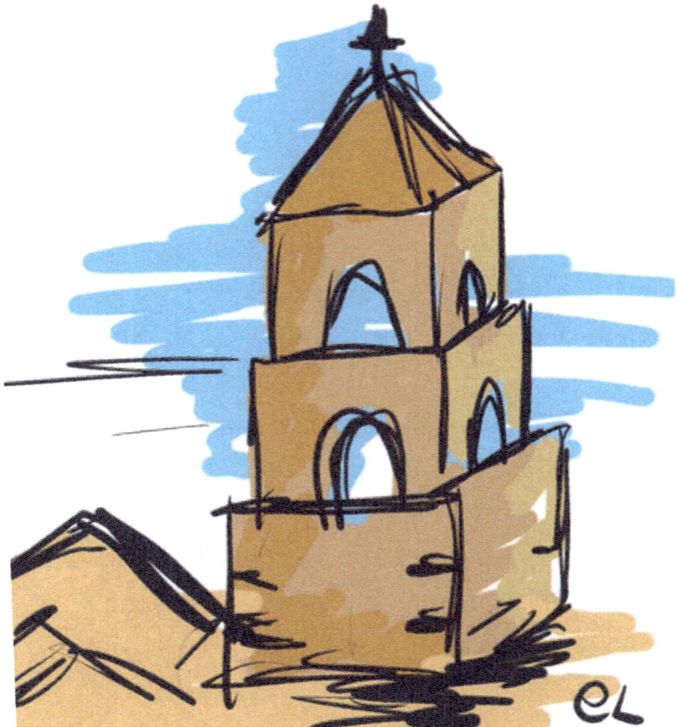

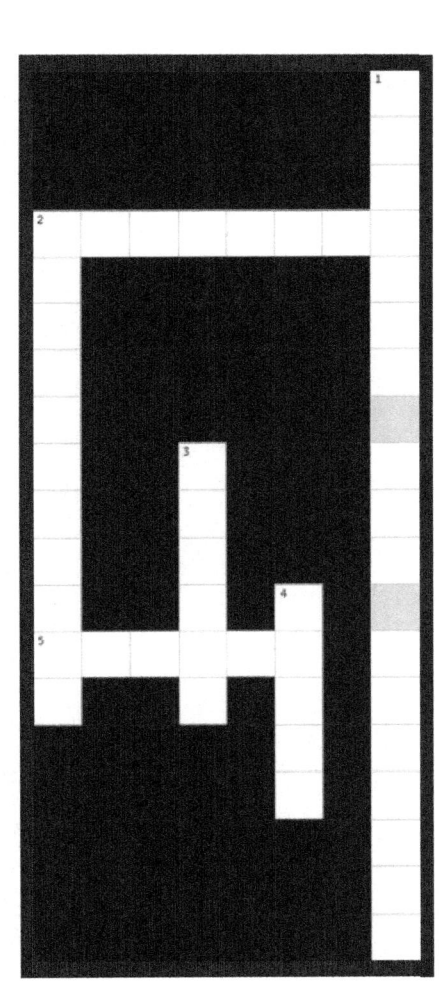

Orizzontale

2. Sorge accanto alla chiesa madre
5. Numero di frati che il convento poteva ospitare

Verticale

1. Scultura in pietra di scuola lucana presente in chiesa madre
2. Periodo in cui fu costruito il convento
3. Della chiesa madre è di marmo, utilizzato per le letture
4. Santa e Maggiore, a lei è dedicata la chiesa madre

*Nel frattempo questa maledetta guerra
sembra quasi giunta al termine
e io sono pronto a far ritorno
proprio nel giorno della grande festa
di San Rocco.*

*È lui il patrono tanto venerato, a lui è dedicata anche una chiesa
non molto lontana dalla nostra residenza feudale.*

*Ancora qualche indovinello per scoprire la giusta via e poi
vedremo insieme quanta gente sarà pronta ad accogliermi
rigorosamente con vesti feudali.
C'è sempre stato qualcuno che ha vestito i miei panni
travestendosi insieme ad una giovane fanciulla che ha
impersonato la mia Abufina.*

*Finalmente, da quest'anno in poi, saremo noi in carne ed ossa
ad attraversar le vie del paese.*

...

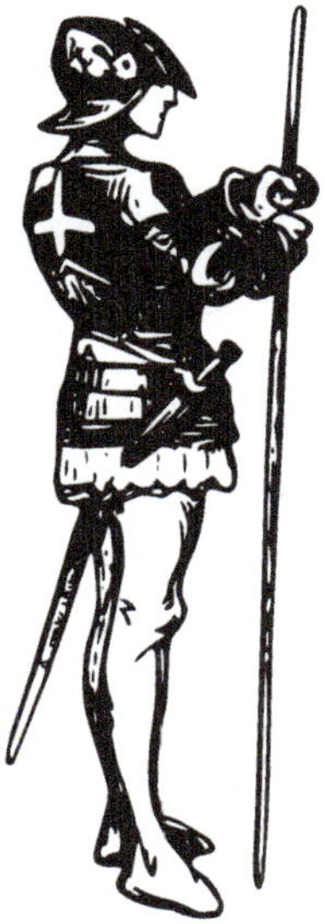

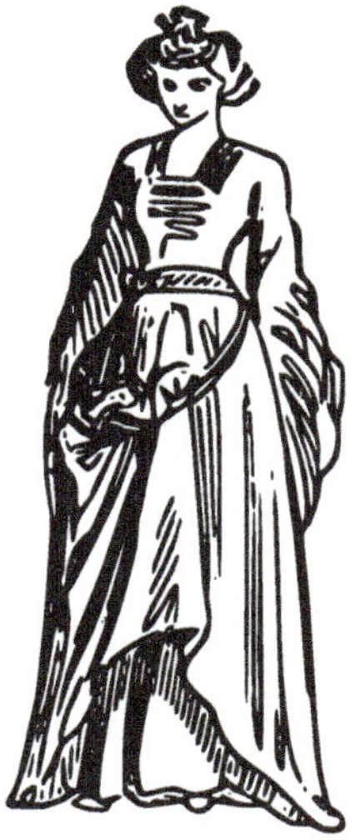

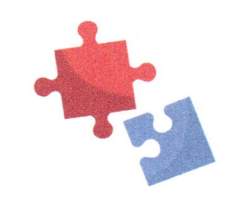

The **festa di San Rocco** is remembered by many Italian municipalities, especially in Basilicata and in the south in general.

By tradition, our procession of San Rocco starts in the morning from the church and proceeds through the streets of the historic center.

The statue is carried on the shoulders of a group of faithful, the so-called bearers; the clergy and the rest of the people follow the procession.

San Rocco was close to the sick, the poor and to the misfits; the inhabitants of Grottole have dedicated their cult to him following the great disease of the plague.

The day dedicated to San Rocco, in our country, is August 16 and begins in the morning with the launch of dark shots to announce the party.

La **festa di San Rocco** è ricordata in molti comuni italiani, in particolare in Basilicata e nel sud Italia in generale.

Da tradizione la nostra processione di San Rocco parte al mattino dalla chiesa e procede per le strade del centro storico.

La statua del santo viene portata a spalla da un gruppo di fedeli, cosiddetti portatori; il clero e gli altri del popolo seguono il corteo.

San Rocco era vicino ai malati, ai poveri e agli utlimi; i grottolesi hanno dedicato a lui il suo culto in seguito alla grande malattia della peste.

Il giorno dedicato a San Rocco, nel nostro paese, è il 16 agosto e inizia la mattina con il lancio dei colpi oscuri per annunciare la festa.

Preferirei tornare a cavallo,
per la grande festa del santo patrono,
ma non con quello bianco
che ho visto nel sogno
far cadere Abufina nel fiume.

Salirei per via Scalo Ferroviario,
tra mille curve e tornanti stretti,
percorrerei viale J. F. Kennedy,
incrociando la grande via Appia
che parte da Roma e arriva a Brindisi,
passando dalla mia amata Grottole.

Mio caro lettore attento a questa via Appia,
che in questo paese per un pezzo si trasforma
e diventa via Nazionale.

Dopo tanta strada credo di fermarmi
presso la chiesa di San Rocco perché non riuscirei
a percorrere l'ultima salita che porta al castello
stanco dopo il lungo viaggio!

...

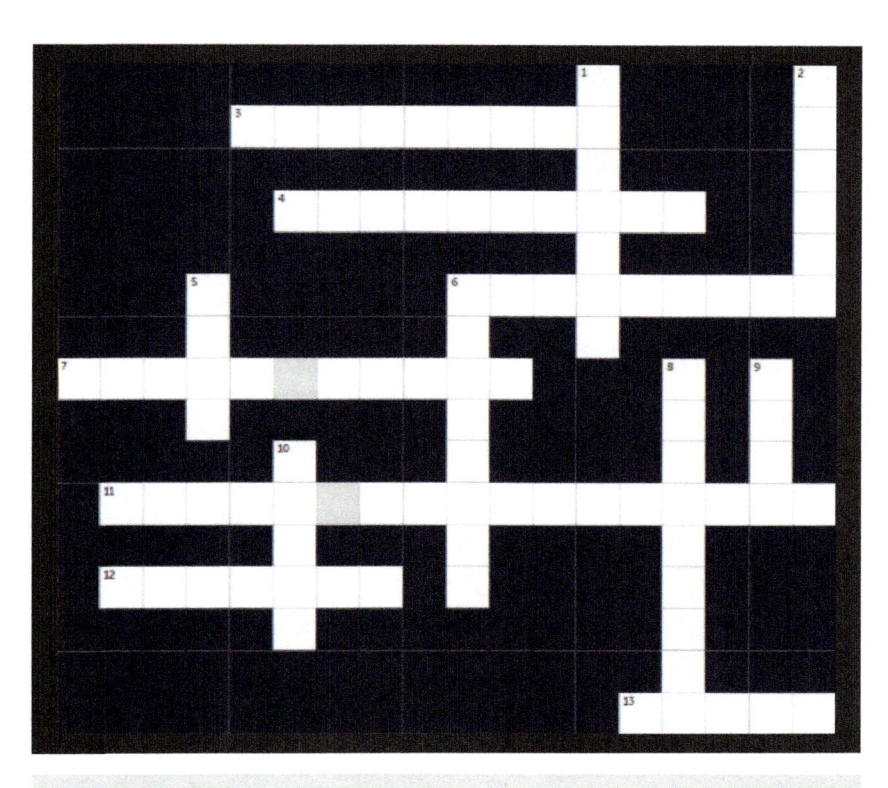

Orizzontale

3 La via che, per un tratto, coincide con la SS7 Vecchia Appia

4 Viale quasi parallelo a via Nazionale

Verticale

1 La via che incrocia via Nazionale circa nella sua parte centrale

2 Grottole in greco, singolare e tradotto in italiano

5 Il santo al quale è dedicata la fiera che si tiene ad ottobre

6 Tradizione grottolese nel periodo di settembre

7 Area floreale attrezzata per pic-nic nel territorio di Grottole

6 Nome della piazza centrale del paese

8 La spiaggia più vicina e frequentata dai grottolesi

9 Aeroporto di riferimento per i grottolesi

11 La via che scende o che sale, non manca di tornanti

12 Nello stemma di Grottole è rappresentato accanto alla torre

13 Colore della bandiera infissa tra il primo e il secondo piano della torre nello stemma di Grottole

10 Il santo protettore del paese che si festeggia il 16 agosto

The **chiesa di San Rocco** is located in viale della Resistenza and was dedicated to Santa Maria la Grotta, because the nucleus of the structure incorporates a cave which is partially visible behind the painting of the high altar. It is currently known by all as the church of San Rocco.

The interior is divided into three naves, on the left is the sacristy, built later than the central structure.

The central altar is dominated by the magnificent oil on canvas polyptych by Pietro Antonio Ferro, depicting the seven corporal works of mercy, plus four panels on the bottom dating back to 1630.

Of notable beauty are the choir loft and the organ which stand out above the main entrance.

The "ascent of the castle" is located behind the church and, some time ago, the prisons stood between the church and this street.

Be careful not to confuse the wooden sculpture of the Madonna with child that this church houses, with the stone one, present in another place which, as you will well remember, you will have already discovered in a crossword puzzle!

La **chiesa di San Rocco** è situata in viale della Resistenza ed era dedicata a Santa Maria la Grotta, perché il nucleo della struttura ingloba una grotta in parte visibile dietro il quadro dell'altare maggiore. Attualmente è conosciuta da tutti come la chiesa di San Rocco.

L'interno è diviso in tre navate, a sinistra si trova la sagrestia, costruita in un secondo momento rispetto alla struttura centrale.

L'altare centrale è sovrastato dal magnifico polittico ad olio su tela di Pietro Antonio Ferro, raffigurante le sette opere di misericordia corporali, più quattro pannelli sul basso databili 1630.

Di notevole bellezza sono la cantoria e l'organo che spiccano sopra l'ingresso principale.

La "salita del castello" si trova dietro la chiesa e, tempo fa, tra la chiesa e questa via sorgevano le carceri.

Attenzione a non confondere la scultura lignea della Madonna con bambino che questa chiesetta ospita, con quella in pietra, presente in un altro luogo che, come ben ricorderai, in un cruciverba avrai già scoperto!

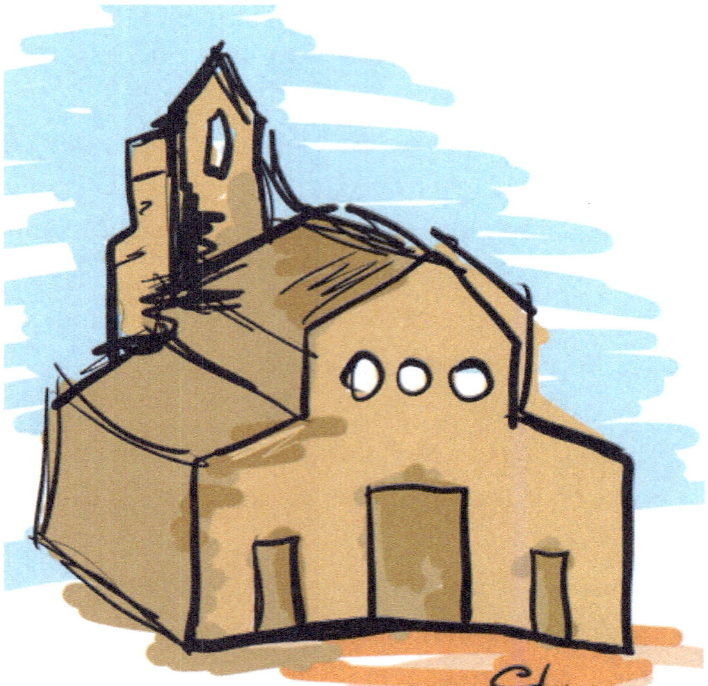

Bene,
se a questo punto sei arrivato,
vuol dire che non ti sei annoiato;
ma se stanco tu sarai,
nei guai mi metterai.
I cruciverba adesso son finiti,
ma i giochi di logica restano ancora
i più ambiti.

Concentrati bene ora più che mai,
perché il destino della leggenda dell'Amor Perduto
dipende solo da te.
La salita del castello bisogna affrontare
e in scioltezza vorrei arrivare.

Speriamo tu non sia così tanto di mente arrugginito!

...

Download the game
in English

Stimolare il cervello
con

Logica
Mente

Giochi mentali
&
Indovinelli

Sulla parete principale del castello feudale spunta una macchia di muffa. Ogni giorno questa macchia raddoppia le sue dimensioni e in dieci giorni ha ricoperto l'intero muro.

Ma quanti giorni ci sono voluti alla macchia per occupare solo metà del muro?

■■■

In via Nazionale, a Grottole, viene costruito
un altissimo grattacielo
che ha 50 piani.
Al piano terra abitano 10 persone,
e ogni piano successivo è abitato da 5 persone in più
rispetto al precedente.

A quale piano del grattacielo l'ascensore viene chiamato
più di frequente?

Così come Selepino…

cos'è quella cosa
che quando non c'è nessuno vuole,
ma che quando c'è
nessuno vuole perderla?

Come quella di Abufina…

Per il castello e la campagna
ti sta accanto e ti accompagna.
Se la pesti non si lagna;
passa l'acqua e non si bagna.
Cos' è?

Per il matrimonio di Abufina e Selepino una carrozza
vuota arriva in viale Kennedy,
si aprono le porte ed entrano 10 persone.
Alla fermata successiva scendono 5 persone e ne salgono
il doppio rispetto alla prima fermata.
Alla terza ne scendono 25.

Quante persone raggiungono i festeggiamenti?

Due cavalieri giungono al fiume Basento che, in questa occasione, si può attraversare solo in barca. L'imbarcazione che hanno a disposizione però regge solo il peso di una persona e non hanno a disposizione cime o corde per far tornare indietro la barca dopo la traversata.
I due cavalieri riescono nell'impresa.
Come hanno fatto entrambi ad attraversare il fiume?

Una lumaca vuole salire sulla cupola
della chiesa diruta alta circa 50 metri;
di giorno sale 30 metri
e di notte scende 20 m.

Quanto tempo ci metterà per raggiungere
la cima del palo?

In un paese
lavora soltanto
se c'è qualcuno che la segue,

chi è?

....

Due finestre ben difese,
non sono quelle del castello.
Di giorno stanno aperte,
color azzurro, marrone,
verde o nero,
ma quando viene notte
si sbarrano le porte,

cosa sono?

Ti proteggono la casa e hanno i denti,
ma non mordono e non abbaiano.

Il giorno di San Rocco al castello
le prendono dopo un atto…

Download the game
in English

Stimolare il cervello
con

Stanza
Enigma

Enigmi
&
Labirinti

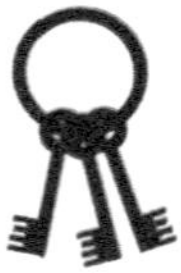

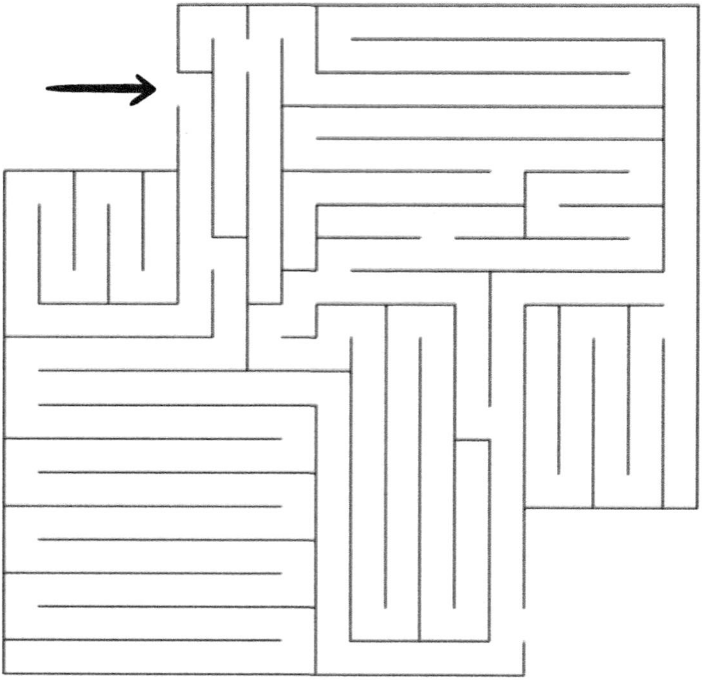

Un bivio porta a due paesi diversi:
in uno ci sono solo persone
che dicono la verità,
nell'altro solo persone che mentono.

Un viandante vuole sapere
qual è il paese della verità e,
incrociando un uomo che sta venendo
da uno dei due paesi, glielo chiede.

Che domanda gli fa per sapere con certezza
qual è il paese della verità?

....

....

....

Nella cantina del castello
ci sono due persone.
Un padre, il feudatario del regno di Grottole,
che ha 45 anni,
e un figlio, che è un cavaliere,
che invece ne ha 50.

Com'è possibile?

....

....

....

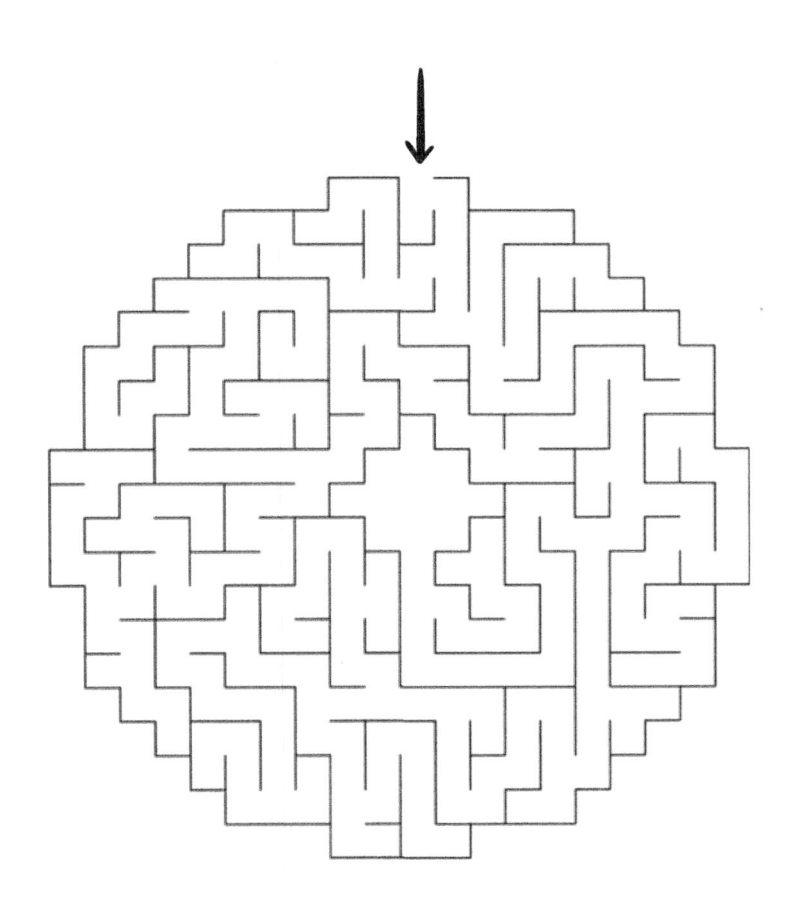

63

Abufina viene rapita da un orco e Selepino
corre a salvarla.
L'orco indica a Selepino due porte e spiega:
"In una c'è la tua principessa,
nell'altra una tigre affamata".

Sulla porta di sinistra c'è un cartello che dice
"In questa porta c'è la tigre".
Sulla porta di destra un altro cartello recita:
"In una porta c'è la principessa".

L'orco aggiunge: "Solo uno dei cartelli è vero".
In quale porta c'è Abufina?

Un cavallo tutto nero
scavalca una torre
e atterra su un piccolo uomo
che sparisce.

Di che scena si tratta?

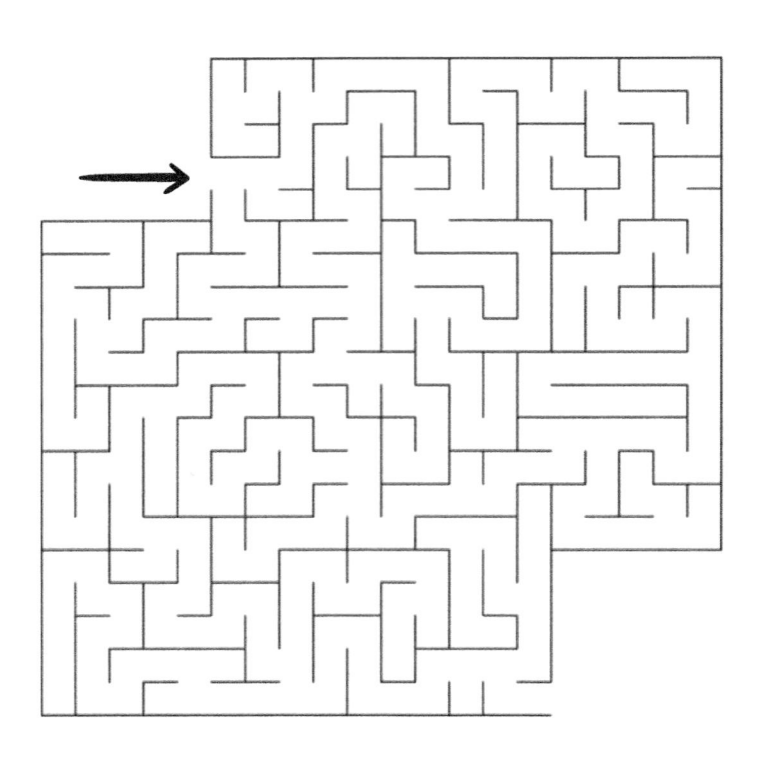

Su una parete
in una stanza del castello

"Vado avanti, vado indietro
corro e mi fermo
ma non cambio mai di posto",

chi sono?

Download the game
in English

Stimolare il cervello
con

Gioco Memoria

Osservazione
&
Memoria

Guarda le associazioni per 30 secondi,
poi distrai l'occhio dal foglio e
volta pagina

1	NICOLA FIORE
3	GIULIO COCCA
5	ANGELO DE VITO
2	GIACOMO D'ALESSIO
6	FRANCESCO DE GIACOMO
4	ARCANGELO AMATO

Adesso compila i campi vuoti con i nomi degli ultimi sei sindaci di Grottole.

Avrai fatto luce sulle elezioni!

1	
2	
3	
4	
5	
6	

Download the game
in English

Stimolare il cervello
con

Ghigliottina feudale

Collegamenti
&
Parole

Completa con la parola mancante

FIUME BASENTO
CAVALLO
RICAMARE
LUNA

·····························

CHIESA
DECOROSO
REGISTRI
CANTORIA

·····························

Completa con la parola mancante

CUPOLA
IRPINIA
CARRARA DELLA PADULA
SIMBOLO

....

GROTTE
QUERCIA
SEGNO
BANDIERA

....

Completa con la parola mancante

PIETRA CALCARE
13 VANI SOPRANI
SICHINULFO
851

....

NAZIONALE
APPIA
STRADA
INDIRIZZO

....

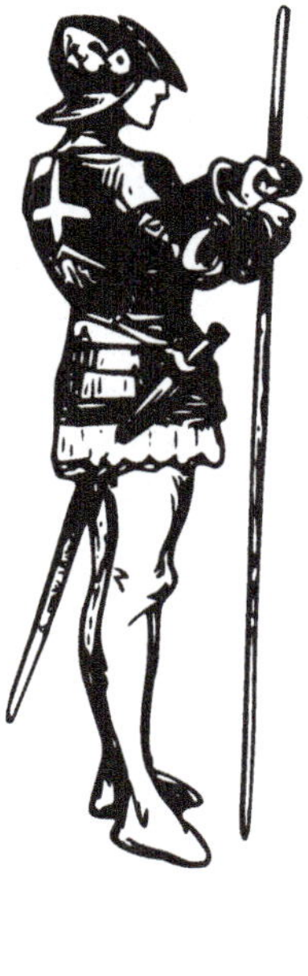

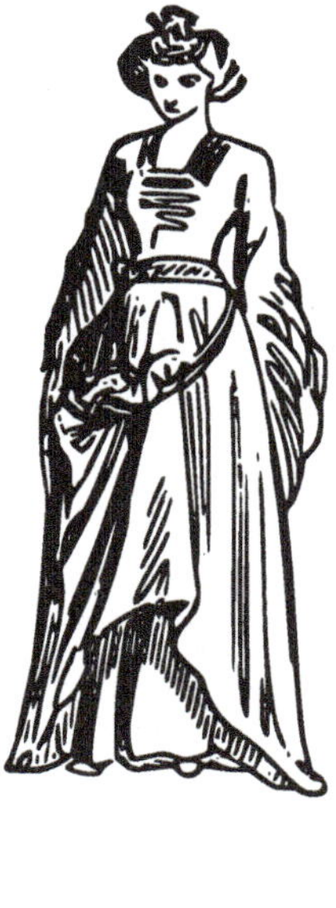

Download the game
in English

Stimolare il cervello
con

Mate
quiz

Visione
&
Numeri

Aiuta Selepino con la matematica

Abufina è una dama alla quale piace ricamare.
Sai che uncinetto e matematica hanno dei legami?
Le idee dalla matematica sono state utilizzate come ispirazione per le arti della fibra, tra cui trapuntatura, lavorazione a maglia, punto croce, uncinetto, ricamo e tessitura.
La tessitura, il ricamo contengono formule matematiche o sono leggibili mediante principi matematici…

Osserva attentamente tutte le seguenti sequenze matematiche.

Trova il numero mancante della serie.

30	16	11	35
20	15	12	14
40	18	14	17
60	14	12	?

....

$\frac{x}{y}$

Qual è il prossimo termine della sequenza?

3
1 3
1 1 1 3
3 1 1 3
2 3 2 1
2 2 1 3 1 1
2 2 3 1 1 3
?

....

Trova il numero mancante della serie.

6	5	2	4
2	4	8	3
2	5	7	?
3	2	3	9

....

Completa la sequenza.

5 30 6 60 10 ? 9

....

Completa la sequenza.

2 3 12 33 22 63 ?

....

x/y

Manca un numero.
Quale?

5	13	14	21
6	12	15	20
7	11	16	19
8	10	17	18

....

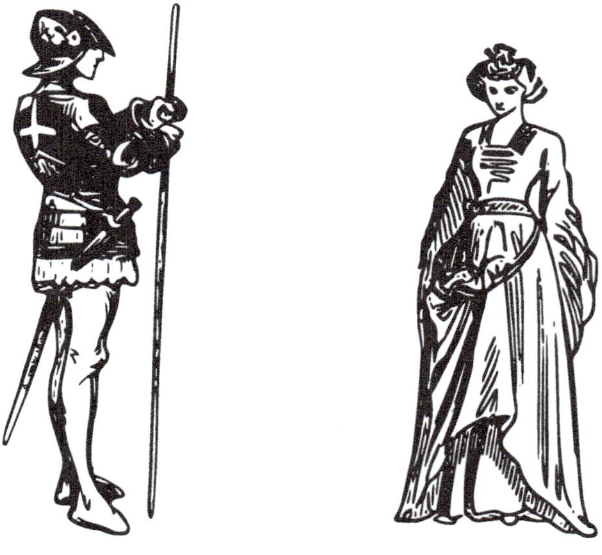

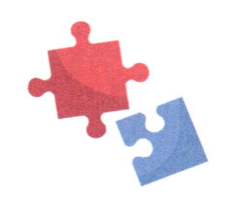

CRUCI-NUMERI

**Compila i numeri mancanti
nelle pagine che seguono**

I numeri mancanti sono numeri interi compresi
tra 0 e 20.
I numeri in ogni riga si sommano ai totali a destra.
I numeri in ogni colonna si sommano ai totali lungo la
parte inferiore.
Le linee diagonali sommano anche i totali a destra.

$\frac{x}{y}$

					64
2					22
10	19				50
		15			30
	13		14	3	46
12		2			38
39	54	25	40	28	52

$$x/y$$

		14	5		44
1	20		16	10	60
4	17		20		63
	16			19	57
16		7	2		53

69

| 29 | 75 | 58 | 53 | 62 | 64 |

$\frac{x}{y}$

			13		26
	16				44
					43
					25
	8			0	43
		20	0		37
18	52	53	39	30	54

$$\frac{x}{y}$$

						63
			14	13		51
			18			62
16				8		62
	16					43
		7				43
50	57	26	73	55		78

Download the game
in English

Stimolare il cervello
con

Date quiz

Cultura
&
Anni

In che anno iniziò
la costruzione del castello per volere
del duca longobardo Sichinulfo?

☐   **760**

☐   **851**

☐   **900**

☐   **682**

In quale anno
Giulio Carrara della Padula
costruisce il portale
della chiesa diruta?

☐ **1765**

☐ **1595**

☐ **1800**

☐ **1432**

In quale anno Giovanni Veronesi
ha girato le scene del suo film
a Grottole?

- ☐ **2021**
- ☐ **2010**
- ☐ **2016**
- ☐ **2018**

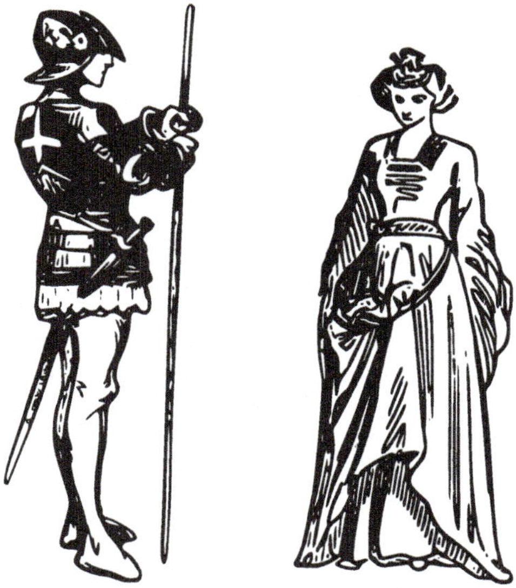

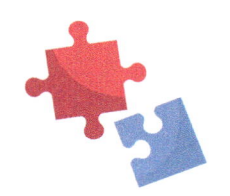

Download the game
in English

Stimolare il cervello
con

Antichi sapori

Cibo
&
Tradizioni

Solo uno è un
piatto tipico grottolese di carne,
qual è?

☐ prc-duzz

☐ cuturiedd

☐ sagntedd

☐ lampascion crsciut

Indovina gli ingredienti principali della cialledd.

- [ ] **salsiccia e cardoncelli**
- [ ] **mollica fritta e rape**
- [ ] **uovo e pane cotto**
- [ ] **peperone crusco**

Individua uno dei piatti primi tipici che puoi degustare a Grottole.

- [ ] cavatelli con mollica fritta
- [ ] pennette all'arrabbiata
- [ ] spaghetti alla carbonara
- [ ] orecchiette al cavolfiore

Sono due i dolci di
Carnevale tipici grottolesi.
Ordina le lettere in maniera corretta.

LSRIPPELCE

....

RPC-ZDUZ

....

Download the game
in English

Stimolare il cervello
con

Parole nascoste

Lucidità
&
Comprensione

Le parole possono andare in qualsiasi direzione.
Le parole possono condividere lettere
mentre si incrociano.

```
A U T A F C V N J B X E N R G
O T F E F I E H E Z L S X T M
R Q U E R O Q L A K D E Y A J
O V G R B R V C J K U A K S B
M J T O I E A R U S C P R J B
I E M R D D E C I K Y Q B H I
O L L E T S A C O M M H K Q U
O W R P X Z X H Q T E X Z R V
H E D J E D Q G V A T S F K Y
M M P Y H A Y Y L J V A O K Q
G A L I B E M Q L Z W Y R D P
P X N V R S Q I U B H F N E Q
Q V Z N W B M X J S E J A O X
F L I N D L S S W B D H C D E
B A E X M L J L H I Z W I O O
```

Una bomba tecnologica e di precisione
che **non sbaglia mai** l'obiettivo,
creata da un nemico, viene lanciata
e colpisce una fortezza **indistruttibile**,
il castello feudale
del duca longobardo Sichinulfo.

Cosa potrà succedere?

....

....

....

Le parole possono andare in qualsiasi direzione.
Le parole possono condividere lettere
mentre si incrociano.

```
W P E B O Z T X N B A D S Y B
C D E W G F R I A R N D N Q T
R P D X H S D S G M I H A Y X
I Y F T H O I S B B F K T X D
Q P J K T L T F Y L U U T X X
F F B M I Y X T T F B B J F N
N W I C S F A M E M A S Y U C
V C A B R M C V V N U U U W H
A T E N V A Q F R V I U N K F
A O E B J E R R O T V C U B Z
M L K F C S O O Z A F G N G J
H A F E O O P L H B T D S U B
X J Q G V H Y P T U C Q F K P
X M A L A Z D N Y A K D E N J
J V J U L Z Y W Z X O J D R Q
```

Nella casa del nipote del
feudatario di Grottole ad un piano
le pareti della sala sono **viola**,
le finestre **verdi**,
il pavimento **blu**, il bagno **verde**
e la camera da letto **rossa**.

Di che colore sono le scale?

▪▪▪

▪▪▪

Le parole possono andare in qualsiasi direzione.
Le parole possono condividere lettere
mentre si incrociano.

```
O B B I Y W M O Q F O Q E N À
J L A P P I A T P T F H S T I
M Q L H Q Q L N M G M H I Q R
W L T A K O T E W T B N R Z B
V G P K V K A S Q C U Y I O J
D T O N S A Z A E M G J E V W
X Z A U E J C B O W H L V M S
H X H O V A Q C A C D E V O Q
L Y W T W D I W J E V D U D M
O N I P E L E S Z K F X O L Y
E N T J C Z C D A T Q U T G M
P P X B V U J O V F U Z D Z J
R T Q Y T U O C K I O X Y O F
G Z Q K V L Q T F Z A K A Z U
U K L A O R K N E E Q L K K W
```

Controllerò il tuo lavoro
non appena
tutta questa salita sarà terminata,
ma se i fuochi d'artificio
adesso sono pronti a scoppiettar,
un buon segno in cielo tu vedrai,
altrimenti i giuochi quiz rifarai!

E se tu vorrai, un bel selfie con noi scatterai!
Che sia con lo sfondo
del castello,
di una chiesa
o semplicemente
dello splendido panorama,

a Grottole la mia dolce amata Abufina
mi hai permesso nuovamente
di abbracciar!

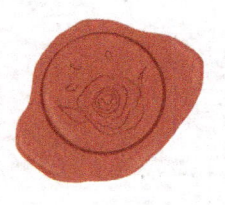

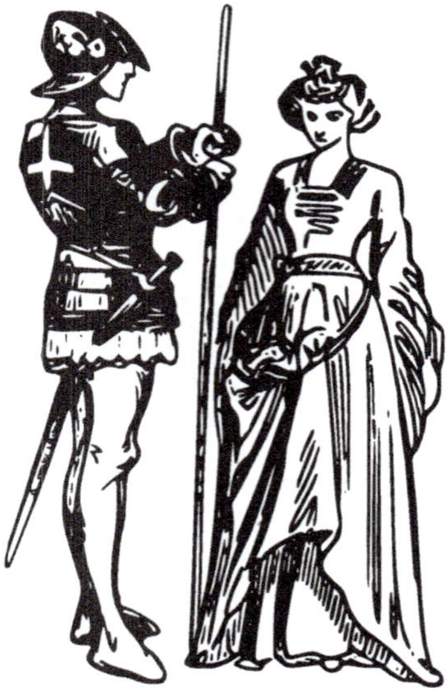

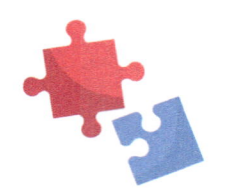

SOLUZIONI

CRUCIVERVA 1
1. MOSCHETTIERI DEL RE 2. SELEPINO 3. CANTINA 4. FEUDO
5. TORRI 6. DAMA 7. VENTUNO 8. CAMINO 9. DAMA
10. DUCA 11. RICAMARE

CRUCIVERVA 2
1. QUADRATA 2. CONTRADA DELLA MOTTA 3. MURATURA
4. ABUFINA 5. NAPOLI 6. CARCERI 7. STALLA 8. BASENTO

CRUCIVERVA 3
1. EVANGELISTI 2. LATINA 3. DIRUTA 4. CINQUANTA
5. FOSSE 6. ORGANO 7. TERREMOTO 8. TETTO
9. PORTALE 10. CUPOLA

CRUCIVERVA 4
1. MADONNA CON BAMBINO 2. CONVENTO 2. CINQUECENTO
3. AMBONE 4. MARIA 5. TRENTA

CRUCIVERVA 5
1. KENNEDY 2. GROTTA 3. NAZIONALE 4. RESISTENZA
5. LUCA 6. VENDEMMIA 6. VITTORIA 7. BOSCO COSTE
8. METAPONTO 9. BARI 10. ROCCO 11. SCALO FERROVIARIO
12. QUERCIA 13. ROSSO

SOLUZIONI

LOGICA MENTE

1) NOVE GIORNI. SE AL NONO GIORNO LA MACCHIA DI MUFFA RICOPRE METÀ DEL MERO, AL DECIMO, RADDOPPIANDO, L'HA COPERTO TUTTO
2) OVVIAMENTE AL PIANO TERRA
3) GUERRA
4) OMBRA
5) SOLO UNO, IL COCCHIERE
6) I DUE CAVALIERI ERANO AI DUE LATI OPPOSTI DEL FIUME
7) IN SOLI 3 GIORNI
8) GUIDA TURISTICA
9) OCCHI
10) CHIAVI

ENIGMA ROOM

1) LA STRADA GIUSTA
2) AL VIANDANTE È SUFFICIENTE CHIEDERE: "PORTAMI AL TUO PAESE". NEL CASO IN CUI L'UOMO DICA LA VERITÀ, INFATTI, LO PORTERÀ PROPRIO NEL PAESE DESIDERATO.
SE MENTE, LO PORTERÀ COMUNQUE NEL PAESE DELLA VERITÀ.
3) NON È SUO FIGLIO. IL PADRE AVRÀ DEI FIGLI, MA QUELLO PRESENTE NELLA STANZA DI CERTO NON SARÀ L'EREDE!
4) LA STRADA GIUSTA
5) ABUFINA STA NELLA PORTA CON SCRITTO "C'È LA TIGRE". L'ALTRO CARTELLO ("IN UNA DELLE DUE PORTE C'È LA PRINCIPESSA") È INFATTI INEQUIVOCABILMENTE VERO, QUINDI IL CARTELLO "C'È LA TIGRE" È FALSO.
6) UNA PARTITA A SCACCHI
7) PENDOLO

SOLUZIONI

GHIGLIOTTINA FEUDALE

1) ABUFINA
2) ORGANO
3) CHIESA DIRUTA
4) STEMMA
5) CASTELLO
6) VIA OPPOSTI DEL FIUME
7) IN SOLI 3 GIORNI
8) GUIDA TURISTICA
9) OCCHI
10) CHIAVI

MATE QUIZ

1) 35 (N1 + N2 - N3 = ?)
2) 2 2 2 3 2 1 (LA RIGA DESCRIVE LA PRECEDENTE)
3) 3 (LA SOMMA DELLE RIGHE È SEMPRE 17)
4) 90
5) 32
6) 9

SOLUZIONI

DATE QUIZ

1) 851
2) 1595
3) 2018

ANTICHI SAPORI

1) CUTURIEDD
2) UOVO E PANE COTTO
3) CAVATELLI CON MOLLICA FRITTA
4) SCRIPPELLE
5) PRC-DUZZ

PAROLE NASCOSTE

1) CERCA E TROVA
2) LA SITUAZIONE DESCRITTA È IRREALIZZABILE, INFATTI SE LA FORTEZZA È 'INDISTRUTTIBILE' NON PUÒ ESSERE DISTRUTTA DALLA BOMBA, QUINDI LE DEFINIZIONI SONO IN CONTRADDIZIONE.
3) CERCA E TROVA
4) NON CI SONO SCALE DESCRITTE!
5) CERCA E TROVA

Printed by Amazon Italia Logistica S.r.l.
Torrazza Piemonte (TO), Italy